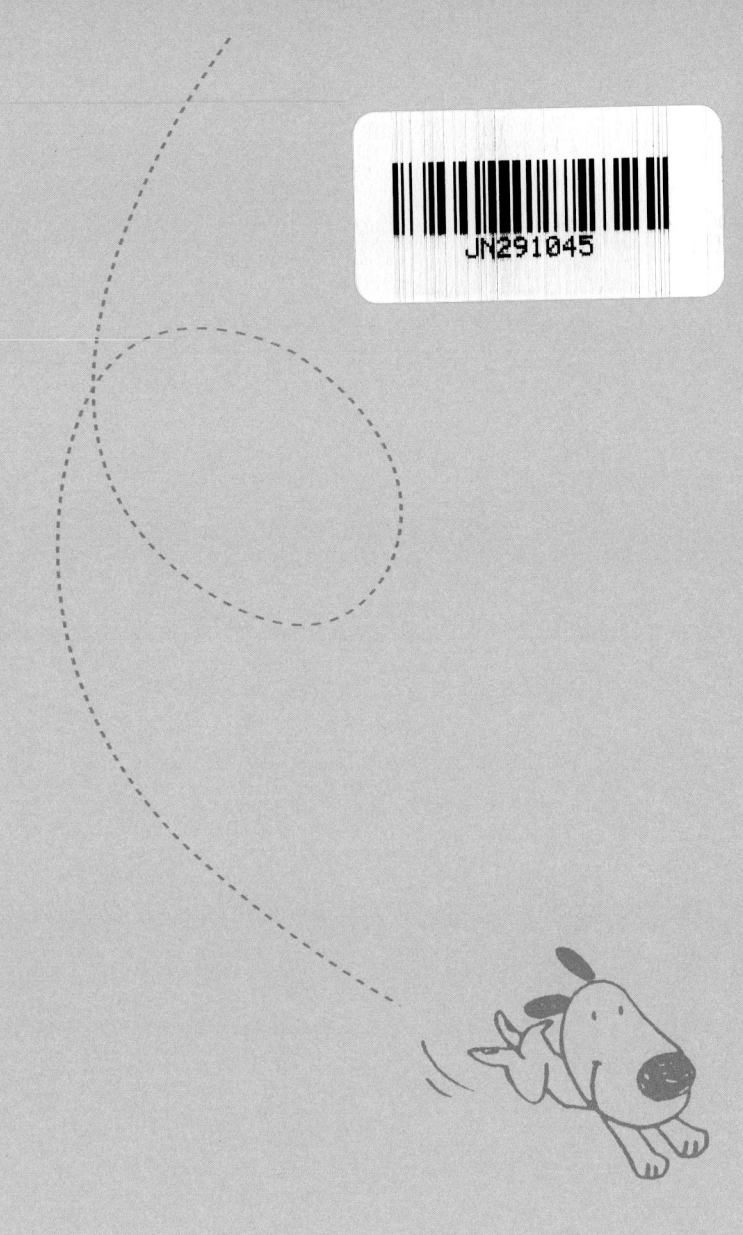

じぶんでじぶんをまもろう ②

ひとりで がまん しないよ！

いじめに まけない

嶋﨑 政男・監修
東京都福生市教育委員会参事

すみもと ななみ・絵

きみたちは、いま、たのしく学校に通っているかな？
たくさんべんきょうして、しょうらい役に立つことを学んだり、
おおぜいの友だちをつくって、あそんだりしていると思う。
それは、きみたちにあたえられた大切な場所であり、時間なんじゃ。
ときどきは、友だちとケンカをすることもあると思うけれど、
それもひつようなことだ。だけど、おおぜいで弱いものいじめをしたり、
なかまはずれにしたりすることは、ぜったいにしてはいけないことだよ。
もちろん、きみたちがいじめられることも、あってはならない。
下の黒板に書いてあるようなことがおこったら、どうしたらいいだろうか？
しっておいてほしいことが、たくさんあるんだよ。

ケンゾウおじいさん
むかしからあかね町に住んでいて、子どもたちの安全を
みまもっている、ものしりのおじいさん。

もくじ

友だちから、とつぜん、足をひっかけられたら？	4
なかよしグループから、なかまはずれにされたら？	6
友だちがいじめられているのに、しらんぷりをしちゃったら？	16
友だちをいじめたくなってしまったら？	22
いじめにまけないために、みんなで考えよう！	28
なにかあったら、ここにでんわして、そうだんしよう	30

いじめから、
じぶんでじぶんをまもるために
どうすればいいのか、
アンちゃんとゼンくんの話をききながら、
これからみんなで考えてみよう。

ねえ、ぼくの話をきいてくれる？

友だちから、とつぜん、足をひっかけられたら？

休み時間に、ゼンくんが教室の外に出てくると、いきなり、足をひっかけられて、ころんでしまいました。

ゼン、おまえ、なまいきだよ！

そうだ、そうだ。

ゼンくん、かわいそうに。
きのうまで、
みんなといっしょにサッカーをしてたのに、
どうしちゃったのかな？
アンちゃんも、次のページで、
なにかあったみたいだよ。

なかよしグループから、なかまはずれにされたら？

アンちゃんが家に帰ろうと昇降口にやってきました。
でも、そこには、いつもいっしょに帰る友だちがいません。どうしたのでしょうか？

アンちゃんも、なかよしの友だちに
むしされちゃった。かなしいよね。
どうして、友だちどうしで、
そんなふうになるのかな？
ケンゾウおじいさんに、きいてみよう。

いじめはぜったいいけないこと。
だれもがみんな、いやな思いをする。

ゼンくんとアンちゃんの話をきいて、どう思ったかな？

1対1でいいあいをしたり、友だちとケンカをしたりすることは、だれにでもある。そんなときは、「ごめんね」といって、なかなおりしたり、「ふざけてただけだよ」といって、もとどおりになれたりするものじゃ。

だけど、一方的に、からかわれたり、ばかにするようなことをいわれて、きみがきずついたり、なきたくなったりしたら、それは「いじめ」だよ。

ひとりに対して、おおぜいで、一方的にわるぐちをいったり、なぐったり、けったり、なかまはずれにしたり、おどしたりすることは、ぜったいにゆるされない。そういうことは、してはいけないし、されてもいけない。それを見ているのに、見ていないふりするのもよくないことだ。

「いじめ」は、ひきょうなことだ。だれもがみんな、いやな思いをするんじゃよ。

●「いじめ」をすると、どんなきもち？

いじめる子、いじめられる子、しらんぷりをする子。共通するのは、みんながいやな思いをしているってことだ。

いじめる子

- ぼくがいちばんえらいんだ。
- 先生にばれたらいやだな。
- なんだかムカつく。
- つぎはだれをいじめよう。

いじめられる子

- なんで、ぼくだけいじめられるの？
- つらいな。かなしいな。くやしいな。
- 学校に行きたくないな。

しらんぷりをしている子

- でも、ぼくがいじめられたら、いやだし。
- 本当は、いじめてるあいつ、すきじゃない。
- いじめられてかわいそうだな。
- 先生にしられたら、おこられるだろうな。

いじめる子がいう理由は、かってな いいわけだ。

●じぶんより
弱いと思うから
いじめたい。

体が小さいから、けんかしてもまけないし。

●まわりの子と
少しちがうから
いじめたい。

すぐないてしまうから、おもしろいや。

かみの毛が生まれつきくるくるしてて、へんなの！

めがねなんかかけて、ガリ勉！

●ちょっとめだつから、いじめたい。

ゲームソフトをたくさんもっていて、ずるい。

かわいこぶってるように見えて、気にいらない。

みんなと少しちがうことが、いじめる理由になるんだね。

でも、みんなとちがっていることは、よくないことなの？

みんなとちがうことは、わるいことなんかじゃないよ。次のページで考えよう。

いじめられる子は、わるくない！

きみが、もしいじめられているとしたら、そして、それがじぶんのせいだと考えているなら、そんな考えはすぐにすててほしいな。この世の中に、いじめられていい子は、ひとりもいない。

いじめる子は、まわりのみんなと少しちがっていることを理由にするけれど、みんなとちがうことは、けっしてわるいことではない。むしろ、きみらしいことだと考えていいんじゃよ。

たとえば、「弱虫」は「やさしい」、「グズ」は「じぶんのペースで行動する」ともいえるよね。

きみがいじめられていることを、おうちの人やまわりの友だちから、「おまえもわるいんじゃないか」「きみがしっかりしてないから」と、いわれることがあるかもしれない。

それでも、「じぶんはじぶんだ！」と、むねをはっていいんだよ。まわりから、欠点だと思われていることは「きみらしさ」、つまり、きみのいいところでもあるんだからね。

●じぶんをせめたり、じぶんをいじめたりしない。

もし、きみが「ここは直したほうがいいかも」と思うことがあったら、それを直すのはいいね。

だけど、いじめられるのは、じぶんのせいだと思うことはよくないよ。もっと、じぶんのいいところを考えよう。

まわりの人の力をかりよう！

いじめられて、いやな思いをしているなら、まわりの人にそうだんしてみよう。
それは、けっしてはずかしいことではないし、なさけないことでもないからね。

先生、ぼく、コウくんたちに足をひっかけられて、ふでばこもかくされちゃったんです。どうしたらいいですか？

そうだったのか。いっしょに考えよう。

なんで、コウくんがぼくにいじわるするのか、エイタくん、しってる？

うーん…。じつは、ゼンくん、サッカーがうまいじゃないか。だから、「ゼンのやつ、ちょうしにのってるから、こらしめてやろう」ってことになっちゃってさ…。ぼくも、つい、「そうだ」とかいっちゃって…。

おかあさん、ぼく、コウくんたちからいじめられているんだ。だから、学校に行きたくないんだ。

そんなことがあったの。ゼンがいじめられなくなるように、できることをやってみましょうね。

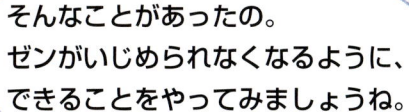

いじめにまけない方法は、いろいろある。でも、どうしてもつらくなったら、むりに学校へ行かなくちゃいけない、なんて思わなくていいんじゃよ。図書館や、じゅくでもべんきょうはできるし、友だちだってできる。心がボロボロになるまで、がまんしなくていいんだよ。

じゃあ、いじめをやめさせるには、どんな方法があるのかな？次のページで、いっしょに考えてみよう。

いじめられても、ひとりでがまんしない。

いじめは、先生やおうちの人のいない、だれも見ていないところでおこる。だから、おとなは、しらないことが多いんだね。

そして、いじめる子は、「先生にいうなよ」とか、「親にチクったらひどいめにあわすぞ」とかいう。だけど、それは、そうされるのが本当はこわいからだ。だから、せいせいどうどうと、おとなに話してみよう。きみがいじめにあっていることを、おうちの人や先生に話すことは、けっしてわるいことではないんじゃよ。

「もしもいじめられたら、こんなふうにする」ということを、おうちの人にてつだってもらって、れんしゅうしておくのもいいことだ。そうやって、いじめる子に立ちむかえるようになれば、きっといじめられなくなるはずだ。

ひとりでがまんしないこと、じぶんはいじめられるような人間じゃないと、じしんをもつことが大切だよ。

●おうちの人、先生、友だちにそうだんしよう。

「○○くんがいじめるから、学校に行きたくない」って、はっきりいっていいんだよ。

じぶんがされていること、これからどうしたらいいかということなど、すなおにそうだんしてみよう。

コウくんがいじめるから、学校に行きたくない。

「先生にいうなよ」っていってたけど、しられるのがこわいのかも…。

そう、よく話してくれたね。学級会でみんなで話し合ってみようか。

ゼンくん、きみは勇気があるね。

そんなことがあったのか。よし、おとうさんと、いじめる子に立ちむかう方法を、考えよう。

ぼくもいっしょに、いってあげようか。でもね、ゼンくんも、コウくんがシュートをはずしたとき、大きな声で「ざんねん！」っていうくせは、直したほうがいいかもよ。

ちょくせつ「やめて！」といってみよう。

いやなものは、いやだと、はっきりいおう。
いじめられて、いつも泣いてた子からそういわれると、
いじめた子はびっくりするはずだ。

コウくん、
そういうことするの、
やめてよ！

おうちの人といっしょに、
きみがいじめられたときのことを
そうぞうして、それに立ちむかう
れんしゅうをしてもいいね。

- あいての目を見ていう。
- どうどうと、むねをはっていう。
- 1対1でいう。
- 大きな声でいう。

いじめる子にいわれたことを、「そう？」「そうかな？」と、はぐらかしてみよう。

きみがあいてにしなければ、いじめる子は、いじめがいがないはずだ。

「ふとってるね」
といわれたら、
なんていう？

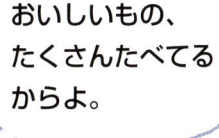

おいしいもの、
たくさんたべてる
からよ。

だからなんだっていうの？

次のページで、
友だちのダイくんが、
いやなめにあったんだ。
でも、
わしやハナ丸くんが
いったことをきいて、
たすかったんだよ。

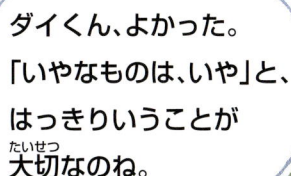

ダくん、よかった。
「いやなものは、いや」と、
はっきりいうことが
大切なのね。

ダくんは、
なにもわるいこと
してないからね。

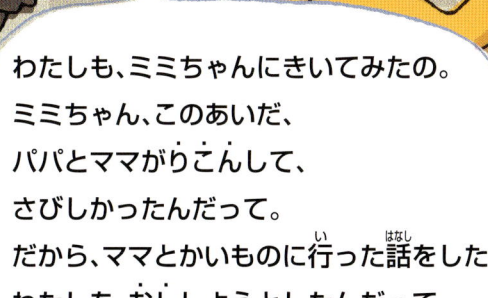

わたしも、ミミちゃんにきいてみたの。
ミミちゃん、このあいだ、
パパとママがりこんして、
さびしかったんだって。
だから、ママとかいものに行った話をした
わたしを、むししようとしたんだって。
でも、またなかよしにもどったのよ。

ぼくも勇気を出して、
みんなに、「ぼくがなにしたの？」って
きいてみたんだ。
そしたら、さいきん、サッカーで
めだつから、なまいきだって。
だから、いじめられちゃったみたい。
でも、もうだいじょうぶだよ。

もしもいじめにあったら、
こうしよう！
きみはちっとも
わるくないんだからね。

●「なぜ、こんなことするの？」ときいてみる。

●「いじめないで」と、はっきりいう。

●ひとりでがまんしないで、おうちの人や先生、
　友だちに話す。

●大声を出してにげ、たすけをもとめる。

●いいかえすれんしゅうをしておく。

友だちがいじめられているのに、しらんぷりをしちゃったら？

アンちゃんのクラスのサキちゃんは、
頭がよくて、かわいくて、みんなの人気者です。

だから、サキちゃんにさからうと、なかまはずれにされそうで…。

そうか。
アンちゃんは、サキちゃんにさからうと、
じぶんまでいじめられちゃうかも
しれないと思ったんだね。
こんなとき、どうすればいいの？

いじめを見なかったふりをするのは、いじめているのと同じことだよ。

友だちがいじめられているのを見て、平気な子はいないよね。でも、次にじぶんがいじめられるのではないかとおそれて、いじめを見ても、見なかったふりをして通りすぎてしまう子もいるんじゃないかな。

でも、ちょっとまって。きみが、しらんぷりをしたせいで、いつまでもそのいじめがつづいてしまったら、いじめられている子はどうなってしまうと思う？ 学校にこなくなってしまうかもしれない。心もからだも病気になってしまうかもしれないね。

「じぶんがちょくせついじめたわけじゃないから、しらないよ」っていってしまうのは、かんたんだ。だけど、本当にそれでいいのかな？

ほんの少しでも、「だまっていてはいけないな」と思ったら、勇気を出して声をかけよう。いじめている子にでもいい。いじめられている子にでもいい。きみが声に出していうことで、いじめをとめることが、できるはずだよ。

●いじめを見なかったふりをすると、どうなる？

おもしろがってはやしたてたり、ニヤニヤして見ていたり、しらんぷりして通りすぎようとしたりすることは、いじめをしていることと同じなんだよ。

- いじめられる子もわるいのかも…。
- たすけてあげたい。でも、こわいから…。
- 次は、わたしがいじめられるかも。だから、だまっていよう。

いじめられる子
もう学校にこないで、きずついて、心もからだも病気になるかも。

いじめる子
ますます、いじめをして、いじめがいいことだと、思ってしまうかも。

でも、次にいじめられるのは、きみかもしれないよ！

勇気を出して、いおう！

だれかに話すことは、けっしてわるいことじゃない。
きみが勇気を出してそう伝えることで、
ひとりの友だちがすくわれるかもしれないんだ。

いじめる子に

「ルミちゃんをいじめるの、やめようよ。」

先生やおうちの人に

「ルミちゃんがサキちゃんに、いじめられています。」

いじめられている子に

「ルミちゃん、わたし、力になるから、なんでも話してね。」

学級会で

「いじめを、見たことがあります。」

「アンちゃん、ずいぶんなやんだみたいだよ。次のページでは、どうしてるかな？」

「ドキドキしたけど、いってよかった！エミちゃんともなかよしになったんだよ。」

「よかったね。だまっていれば、いじめていることと同じだもんね。」

「もしもいじめにあってる子を見たら、こうしよう！」

- いじめている子に、「どうして、こんなことするの？」と、きいてみる。
- いじめている子に、「いじめをやめよう」と、いってみる。
- いじめられている子に、「だいじょうぶ？力になるよ」といって、そうだんにのる。
- おうちの人や先生、友だちに話す。

友だちをいじめたくなってしまったら？

リョウくんは、スポーツがとくいで、
みんなのリーダーです。
でも、じぶんの思いどおりにならないのがいやで、
つい友だちをいじめてしまうのです。

友だちをいじめたくなるのは、なぜだろう？

友だちをいじめるのが大すきでたまらないっていう子は、いないと思う。

じゃあ、どういうときに、友だちをいじめたくなるのかな？ いじめたくなるときって、なにか理由があるんじゃないのかな？

たとえば、なんでもじぶんのいうとおりになると思いちがいをしているとき。みんなから「すごいね」といわれて、いばっていないといやなとき。じぶんががんばってもできないことを、かんたんにやってしまう子を見てムカついたとき。ほかにも、いやなことがあってイライラしていているときや、もしかしたら家でいじめられているせいで、学校では、ついじぶんがいじめっ子になってしまうときもあるかもしれないよね。

だけど、だからといって、それが、いじめをしていいという理由にはならないんじゃよ。

●なぜ、いじめるのかな？

うまくことばにできないから、先に手が出ちゃうんだ。

じぶんがしていること、弱いものいじめだって、わかってるよ。

家でいじめられてるから、学校でいじめちゃえ。

まわりのみんなよりじぶんはえらいんだ。だから、いばるんだ。

みんな、じぶんのいうことをきいてくれる。なんでも思いどおりになるのがとうぜんだ。

家でかわいがってもらえなくて、ほんとうはさびしいんだ。

どうせ、じぶんはきらわれているから、いじめちゃえ。

そういうきもちになったとき、だれかをいじめたくなる子も、いるんだね。

もしも、だれかをいじめたくなってしまったら？

●じぶんのきもちを、話そう。ノートにかこう。

しんらいできる人を見つけて、きみのきもちを話したり、じぶんがしていること、考えていることを、ノートにかいたりしてみると、きもちがせいりされることが多いよ。

●いじめたい子から、はなれよう。

ついわるくちをいったり、からかいたくなったりする子からは、なるべくはなれよう。もしかしたら、じぶんとくらべていて、それが、いじめにつながっているのかもしれないよ。

きみのさびしいきもち、イライラするきもちをわかってくれる人が、近くにいるといいね。クラスの友だちでもいい、先生でも、しんせきのおじさんやおばさんでもいい。その人といるとやさしいきもちになれる人を、見つけてほしい。

●あいてのきもちを考えよう。

いじめられている子のきもちを考えてみよう。その子はとてもつらい思いをしている。それは、大きなきずになってのこって、もしかしたら、一生、まわりにびくびくしながら生きていくことになってしまうかもしれない。だれも、その子を、そんなめにあわせてはいけないんだよ。

次のページで、リョウくんが、しっぱいしてしまったんだ。そのとき、みんなは、どうしたのかな？

きょうは、リョウくんが
まちにまった運動会だったんだ。
ところが、リレーでリョウくんが
ころんでしまって、
ゼンくんたちのクラスは、
まけてしまったんだよ。

じゃまだよ！

ねえ、リョウくん。
運動会、
ざんねんだったね。

来年は、
がんばろうよ。
みんなで。

そうだよね。

う…。

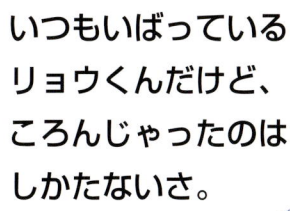

いつもいばっているリョウくんだけど、ころんじゃったのはしかたないさ。

ゼンくんにそういってもらってよかったわよね。

いじめをしないリョウくんのほうが、みんなはすきなんだっていうのが、わかったかなあ。
だれかが、「みんな、なかよくしようよ」っていってあげればいいんだよね。

もしも、いじめたくなったら、こうしよう。

- いじめてしまうじぶんのきもちを考えよう。
- しんらいできる人に話してみよう。
- あいてのきもちを考えてみよう。

もしも、いじめている子を見たら、こうしよう。

- いじめている子に、「どうして、こんなことするの？」と、きいてみる。
- いじめている子に、「いじめをやめよう」と、いってみる。
- おうちの人や先生、友だちに話す。

いじめにまけないために、みんなで考えよう！

ねえ、みんな。いじめられる子、いじめる子、それを見て、見ないふりをする子がいることがわかったね。みんな、それぞれの思いをもっていることもわかったよね。

だけど、やっぱり、いじめはいけないことだ。

どんな子だって、みんな、それぞれいいところをもっている。そういうところをわかりあえたら、きっとなかよくできるはずだ。

みんながずっといい友だちでいられるように、いま、きみたちにできることを考えてみない？

いいところさがしをしよう！

じゃがいもくんゲーム

●よういするもの　　●人数
じゃがいも（人数分）　3人くらい

❶ **じゃがいもに名前をつけよう。**
それぞれ1こずつもらったじゃがいもに、すきな名前をつけよう。

❷ **そのじゃがいもくんのお話をつくろう。**
じゃがいもくんのとしはいくつ？　きょうだいはいる？　べんきょうがすき？　など、じぶんのじゃがいもくんのお話をつくっていこう。

❸ **みんなで話し合ってみよう。**
きみのじゃがいもは、どんないいところがあるかな？

わたしのじゃがいもの名前は、ジャンヌよ。

それぞれのいいところを見つけるゲームじゃよ。

ぼくのは、まるいから、じゃがまる！

わたしのは、へこんでるから、ポコちゃん。

こんなことがわかったよね。おぼえた？

- いじめをすると、みんながいやな思いをする。
- いじめる子がいう理由は、かってないいわけだ。
- いじめられる子はわるくない。じぶんをせめないで！
- いじめられたら、ひとりでがまんしないで、まわりの人にそうだんしよう。
- いやなら、どうどうとしたたいどで、「やめて！」といおう。
- いじめを見なかったふりをするのは、いじめるのと同じことだ。
- だれかをいじめたくなったら、じぶんのきもちをせいりしよう。

ひとりでがまんしないで、みんなでいじめをなくしていこう！

ジャンヌは6さいよ。ここに、えくぼがあるの。見て。

じゃがまるには、おにいちゃんがいて、まいにち、どろんこになってあそんでるんだ。

ポコちゃんは、おべんきょうがすきじゃないの。でも、やさしい子よ。

ひとつひとつのじゃがいもは少しずつちがうけれど、みんな同じじゃがいもだよね。きみたちだって、同じだよ。少しずつちがったとくちょうをもっている。でも、みんな、同じ人間なんだ。

なにかあったら、ここにでんわして、そうだんしよう

都道府県名	そうだん先	でんわばんごう	都道府県名	そうだん先	でんわばんごう
北海道	道本部少年サポートセンター	0120-677-110	千葉県	ヤングテレホン相談	0120-783-497
	こども電話相談	011-631-4152	神奈川県	ユーステレホンコーナー	045-641-0045
青森県	ヤングテレホン	0120-58-7867		いじめ110番	045-671-3888
	生徒指導相談電話	0177-22-7434	新潟県	いじめSOS	025-222-0110
岩手県	ヤングテレホンコーナー	019-651-7867		電話相談	025-222-8600
	子どもの人権110番（盛岡地方法務局）	019-626-2655	富山県	ヤングテレホン	0120-873-415
			福井県	ヤングテレホン	0120-783-214
宮城県	少年相談電話	022-222-4970		教育相談	077-636-4852
	子どもの人権ホットライン（仙台法務局・人権擁護部）	022-224-1200	石川県	ヤングテレホン	0120-497-556
				子どもの悩み事相談	076-221-0832
秋田県	やまびこ電話	018-824-1212	山梨県	ヤングテレホン	055-235-4444
	すこやか電話相談	0120-377-914	長野県	ヤングテレホン	026-232-4970
山形県	ヤングテレホン	023-642-1777		なんでもハロー青少年	026-235-7100
	こども電話相談	023-642-2340	静岡県	少年サポートセンター	0120-783-410
福島県	ヤングテレホンコーナー	024-536-4141		ハロー電話ともしび	054-255-8686
東京都	ヤングテレホンコーナー	03-3580-4970	岐阜県	ヤングテレホンコーナー	0120-783-800
	子どもの悩み事相談	03-3581-1885	愛知県	ヤングテレホン	052-951-7867
	子ども110番	03-3470-0110		子ども人権110番（名古屋法務局）	052-952-8110
茨城県	少年相談コーナー	029-301-0900			
栃木県	ヤングテレホン	0120-87-4152	三重県	いじめ110番	0120-41-7867
	子どもの人権110番（宇都宮地方法務局）	028-627-3737		教育相談	059-226-3516
			滋賀県	少年サポートセンター	077-521-5735
群馬県	少年育成センター	027-254-3741	京都府	ヤングテレホン	075-841-7500
	警察安全相談室	027-224-8080		いじめホットライン	075-351-7834
埼玉県	ヤングテレホンコーナー	048-861-1152	大阪府	グリーンライン	06-6772-7867
	少年サポートセンター	048-865-4152		いじめ110番	06-6607-7353

全国の子どもたちのそうだんにのってくれているところだよ。こまったり、だれにも話せなかったりしたら、ここにでんわしてみるといいよ。

あー、もしもしですじゃ

親子で、利用しよう。

都道府県名	そうだん先	でんわばんごう	都道府県名	そうだん先	でんわばんごう
兵庫県	ヤングトーク	0120-786-109	佐賀県	こころのテレホン相談	0952-30-4989
	ひょうごっ子悩み相談センター	0120-783-111	長崎県	ヤングテレホン	0120-78-6714
奈良県	ヤング・いじめ110番	0742-22-0110	熊本県	肥後っ子テレホン	0120-02-4976
	すこやかテレホン相談	0742-35-1002		子どもの人権相談	096-325-0913
和歌山県	ヤングテレホン	073-425-7867	大分県	ヤングテレホン	097-532-3741
鳥取県	ヤングテレホン	0857-29-0808		子どもの人権110番（大分地方法務局）	097-532-0122
島根県	ヤングテレホン	0120-786-719			
岡山県	ヤングテレホン	086-231-3741	宮崎県	ヤングテレホン	0985-23-7867
	子どもの人権110番（岡山地方法務局）	086-224-5657	鹿児島県	ヤングテレホンコーナー	099-252-7867
			沖縄県	ヤングテレホンコーナー	0120-276-556
広島県	ヤングテレホン	082-228-3993			
	子ども悩み事相談	082-228-0230			
山口県	ヤングテレホンやまぐち	0120-49-5150			
徳島県	ヤングテレホン	088-625-8900			
	相談ホットライン	088-622-7500			
香川県	ヤングダイヤル	0120-734-970			
	子どもの人権110番（高松法務局）	087-821-6196			
愛媛県	本部第二110番	0120-31-9110			
	子どもいじめ電話相談	089-932-0877			
高知県	ヤングテレホン	088-822-0809			
	いじめテレホン	088-872-7867			
福岡県	ハートケアふくおか	092-641-4577			
	子どもの人権110番（福岡法務局）	092-715-6112			
佐賀県	ヤングテレホン	0120-29-7867			

つらくて、「もう死んでしまいたい」なんて、考えたら、ちょっとまって！ここにでんわをしてみてね。

日本いのちの電話連盟事務局
03-3263-6165
http://www.find-j.jp/

※このでんわばんごうは、受けつけせんようです。ここで都道府県別のそうだん先のでんわばんごうをきいてね。

みんなで、いじめをなくしていこう

嶋﨑 政男（東京都福生市教育委員会参事）

なにもわるいことをしていないのに、いじわるをされたり、なかまはずれにされたりしたことはありませんか？

いじめる子は、いじめる理由をいろいろさがします。「みんなとちがうから」もそのひとつ。でも、みんな、ちがうからいいんだと思いませんか？　みんなとどこかがちがっているからといって、その子がわるいなんてことは、ぜったいにありません。

いじめられたら、「いや！」とはっきりいえればいいけれど、それはなかなかむずかしいことです。そんなときは、大声で「いや！」というれんしゅうをしたり、だれでもいいから、しんらいできる人に話したりするといい。ひとりでなやまないでほしいのです。

じぶんはいじめないけど、友だちがいじめられているのをしっている子も、いると思います。そういう子は、いじめられている子をたすけてあげたいけど、じぶんがいじめられるのがこわいと思っているのではありませんか？　そう考えてしまうのは、しかたがないですよね。でも、少しだけ勇気を出して、いじめられている子をはげましたり、おとなの人にそうだんしたりできないかな。

じぶんより弱いと思っている子を、たたいたりしたことは、ありませんか？　「みんなとちょっとちがうから」と、なかまはずれにしたことは、ありませんか？

おおぜいで、ひとりの子をいじめるのは、ひきょうなことです。「ふざけているだけ」「あいつが、わるいんだ」なんて、じぶんかってないいわけです。いじめられる子のかなしさやくるしさを考えたら、いじめなんてできっこありません。だれかをいじめたくなったときは、その子本人が、つらい思いをしていることが多いのではないかな。そんなときは、じぶんのきもちを、おうちの人や、先生に話してみましょう。

この本にかかれていることをよんで、じぶんは、いまどうしたらいいか考えてみましょう。そして、みんなで、いじめをなくしていきましょう。

じぶんでじぶんをまもろう②
ひとりで がまんしないよ！
いじめに まけない

発　行	2006年2月　初版発行 2019年8月　第4刷
監　修	嶋﨑政男
絵	すみもとななみ
発行者	岡本光晴
発行所	株式会社あかね書房 〒101-0065　東京都千代田区西神田3-2-1 電話　03-3263-0641（代） http://www.akaneshobo.co.jp
印刷所	吉原印刷株式会社
製本所	株式会社難波製本

©Masao Shimazaki, Nanami Sumimoto 2006 Printed in Japan
ISBN978-4-251-04092-3

※ 落丁本・乱丁本はおとりかえいたします。
※ 定価はカバーに表示してあります。
※ 本書で紹介している情報は、2006年1月現在のものです。

監修／嶋﨑 政男（しまざき　まさお）
東京都立大学心理学科卒業後、東京都公立中学校教諭、都立教育研究所学校教育相談研究室指導主事、杉並区天沼中学校校長等を経て現在は東京都福生市教育委員会参事。日本学校教育相談学会事務局長なども務める。編著書に「いじめの解明」（第一法規）「学校の危機管理ハンドブック」（ぎょうせい）等多数。

絵／すみもと ななみ
1963年横浜生まれ。多摩美術大学グラフィックデザイン科卒業。広告代理店、プロダクションなどでグラフィックデザイナーとして勤務し、1994年にデザインオフィス「スパイス」を設立。後にイラストレーターへ転身。雑誌、書籍などエディトリアルを中心に活動中。

装丁・デザイン／芝山雅彦（スパイス）
編集／下平紀代子（Office Q.U.U.）

NDC370
31ページ
27cm